VOYAGE EN FRANCE

FAIT EN L'AN 1663

PAR

JEAN-GASPARD DOLFUSS

TRADUIT DE L'ORIGINAL ALLEMAND

et augmenté d'une notice biographique et de nombreuses notes

PAR

ERNEST MEININGER

Membre du Comité d'administration du Musée historique de la ville de Mulhouse,

Membre de la Société
pour la conservation des monuments historiques d'Alsace, etc.

MULHOUSE

LIBRAIRIE CH. DETLOFF

1881

VOYAGE EN FRANCE

FAIT EN L'AN 1663

PAR

JEAN-GASPARD DOLFUSS

VOYAGE EN FRANCE

FAIT EN L'AN 1663

PAR

JEAN-GASPARD DOLFUSS

———

TRADUIT DE L'ORIGINAL ALLEMAND

et augmenté d'une notice biographique et de nombreuses notes

PAR

ERNEST MEININGER

Membre du Comité d'administration du Musée historique de la ville de Mulhouse,

Membre de la Société
pour la conservation des monuments historiques d'Alsace, etc.

———

MULHOUSE
LIBRAIRIE CH. DETLOFF

—

1881

A Monsieur

Auguste Stœber

Président du Comité d'administration du Musée historique, bibliothécaire de la ville de Mulhouse, membre du Comité d'histoire, de statistique et de géographie de la Société industrielle, membre honoraire de la Société historique et archéologique de Bâle, etc.

Hommage respectueux
de l'AUTEUR.

NOTICE BIOGRAPHIQUE

Jean-Gaspard Dolfuss, né le 24 janvier 1607, était fils de Gaspard Dolfuss, le premier bourgmestre de la famille des Dolfuss dont nos annales fassent mention, et qui exerça ses fonctions pendant seize ans, de 1618 à 1634.

Jean-Gaspard fut reçu bourgeois le 5 janvier 1629, jour où il épousa Elisabeth Engelmann, dont le frère est mentionné dans la relation de son voyage.

Nommé l'un des VI de la tribu des tailleurs en 1636, il conserva cette fonction jusqu'en 1652. Il fut nommé chef de tribu en 1655 et membre du Conseil en 1659. De 1647 à 1664 il est wachtmestre, et successivement conseiller assesseur et président du Conseil des bâtiments. Lors de son voyage à Paris, en qualité d'envoyé d'honneur, il remplissait les fonctions de trésorier (1663), et le 25 décembre 1665, il fut appelé par ses concitoyens au poste de premier magistrat de sa ville natale.

En exercice pendant vingt-cinq ans, il se voua avec ardeur à l'amélioration des écoles et au développement de la prospérité publique, et mourut le 7 novembre 1690, à l'âge de 83 ans, après avoir donné l'exemple d'une vie active, utilement employée au service de sa patrie.

Il ne laissa pas d'enfants.

Lors du renouvellement du traité d'alliance des Treize cantons suisses et des villes alliées avec la France, traité signé à Soleure le 24 septembre 1663, nous venons de voir que Jean-Gaspard Dolfuss avait été envoyé par la ville de Mulhouse à Paris.

Il a laissé de son voyage une relation manuscrite conservée encore aux archives de la ville. La traduction que nous donnons aujourd'hui a été faite d'après le texte publié par M. Aug. Stœber dans son *Alsatia* de 1873, pages 285 à 318. Elle porte pour titre :

Die Reiss in Frankhreich

so den 6. Octobris Beschehen

verzeichnet was an Jedem Ordt Eigentliches zu sehen gewessen

A° 1663

durch

Hanss Caspar Dolfuss

Nous nous sommes appliqué à rendre le plus fidèlement possible le style simple, mais souvent aussi très diffus de l'auteur, et nous espérons lui avoir conservé toute sa naïveté.

Ernest Meisinger.

Le 6 octobre 1663. — Je suis parti de Mulhouse à midi, en compagnie des personnes suivantes : premièrement, M. le greffier de la ville, Adam Henri-Pétry[1], M. le docteur Godefroi Engelmann[2], mon cousin, MM. les chefs de tribu Wolff[3] et Frédéric Lœscher[4], Jean-Henri Reber[5], mon frère Pierre Dolfuss[6], Gaspard[7] et Jean Dolfuss[8]. Nous passâmes la nuit à Dannemarie et, le 7, nous arrivâmes à Montbéliard à 11 heures et descendîmes à l'auberge du

----

[1] Adam Henri-Pétry, le plus jeune fils du chroniqueur Jacques Henri-Pétry. Reçu bourgeois le 3 décembre 1660, épousa Barbe Engelmann, greffier de la ville de 1660 à 1675, et député d'honneur en 1673, pour aller complimenter Louis XIV à Neuf-Brisach, au nom de la ville de Mulhouse.

[2] Godefroi Engelmann, M. D., docteur en médecine. Reçu bourgeois le 16 juin 1662, épousa en premières noces Marie-Salomé Lichtenhan, de Bâle, et en secondes noces Elisabeth Risler. Membre du Conseil en 1685, bourgmestre de 1690 à 1719.

[3] Jean-Michel Wolff, reçu bourgeois le 3 septembre 1632, épousa Catherine Dibinger. VI de la tribu des tailleurs en 1647, échevin en 1652, chef de tribu en 1661 et membre du Conseil en 1675.

[4] Wolf-Frédéric Lœscher, reçu bourgeois le 6 juin 1639, épousa en premières noces Marie Cornetz et en secondes noces Anne-Madeleine Fries. Chef de tribu en 1661. En 1661, il commanda, en qualité de capitaine, les cent mousquetaires envoyés en Suisse pendant la guerre de religion. En 1671, il commanda également les deux cents Mulhousiens faisant partie des troupes helvétiques fournies à Louis XIV pendant la guerre avec la Hollande.

[5] Jean-Henri Reber, reçu bourgeois le 21 mars 1659, épousa Judith Fürstenberger. Un des VI de la tribu des tailleurs en 1671.

[6] Pierre Dolfuss, né le 2 octobre 1625, reçu bourgeois le 12 mars 1649, épousa en premières noces Catherine Zetter et en secondes noces Catherine Junghæy. Echevin en 1655 et un des VI de la tribu des forgerons de 1666 à 1675. En 1655, il fut le porte-drapeau des cent hommes envoyés au secours de Zurich et de Berne, pendant la guerre de religion.

[7] Gaspard Dolfuss, fils de Jean-Henri, frère aîné de l'auteur de cette relation. Né le 18 novembre 1629, reçu bourgeois le 20 juin 1657, épousa Anne-Rosine Engelmann. Echevin en 1674, 1676 et 1689; un des VI de la tribu des agriculteurs de 1674 à 1703. Il mourut le 22 mars 1703.

[8] Jean Dolfuss, frère-germain du précédent. Né le 27 décembre 1635, reçu bourgeois le 21 janvier 1659, épousa en premières noces Ursule Richard et en secondes noces Barbe Wagner. Un des VI de la tribu des forgerons en 1675, chef de tribu en 1685, membre du Conseil en 1691 et bourgmestre de 1710 à 1716. Il mourut le 19 juin 1716.

Gobelet d'or. Jeudi, le 8, les susdits retournèrent chez eux, et j'attendis alors M. l'envoyé de Bâle.

M. Risler[1] me fit présent à Montbéliard d'un sac d'avoine et de deux bouteilles de vin.

Le 9 du même. Idem à Crénans[2], vendredi à midi, dans un mauvais village.

Le 9 du même. Idem à Esprels[3], nous passâmes la nuit dans une auberge assez bien tenue.

Le 10 du même. Idem, vers midi, à Vesoul[4], petite ville au pied d'une montagne, un bel endroit avec beaucoup de vignes.

Le 11 du même. Nous passâmes la nuit à Port-sur-Saône[5], un endroit ruiné par les Valaques et autres peuples.

A midi. Idem à Le Fayl-Billot[6], bourg bien situé.

Lundi, le 12 du même mois, nous arrivâmes à Langres[7], belle ville, où l'on reçut, en tirant des coups de canon, MM. les envoyés d'honneur de Bâle, ainsi que ma modeste personne ; les bourgeois étaient sous les armes et on nous fit une réception magnifique. M. le maire, administrateur de la ville et homme très aimable, nous souhaita la bienvenue à l'hôtellerie (avec quelques conseillers), ainsi qu'à MM. les envoyés d'honneur arrivés depuis deux jours ; c'étaient : M. Richsteimer, d'Appenzell ; M. le trésorier Zwickher,

---

[1] Jean-Rodolphe Risler, fils de Claude Risler, s'établit à Montbéliard sous le nom de Rossel, qui est le nom d'origine de cette famille (voir *Bürgerbuch* de N. Ehrsam, pages 265-266). Il y remplit les fonctions d'administrateur de la Chambre des rentes et de conseiller de la régence du prince de Wurtemberg. Sa nombreuse descendance conserva le droit de bourgeoisie de la ville de Mulhouse. Il avait épousé une des sœurs de Jean-Gaspard Dolfuss, qui l'appelle plus loin son beau-frère (page 33).

[2] Crena. — A titre de curiosité, nous donnons aussi en note l'orthographe des noms de ville et des noms propres du manuscrit, dont les rectifications ont été faites par M. Aug. Stœber, dans sa copie du manuscrit (*Alsatia 1873*).

[3] Esbre.

[4] Wesu.

[5] Borde Sonne.

[6] Foy.

[7] Langere.

de Saint-Gall, et MM. les envoyés de Schaffhouse, M. Meyer et M. Mæder, ceux-ci arrivés seulement un jour avant nous.

(Reçus le 13, au son des trompettes), où nous fûmes aussitôt invités à dîner au domicile de M. le maire, un beau et magnifique logement, ainsi que le gouverneur du nom de comte de Boisel, comte de Voysin, maréchal-de-logis[1], qui devait nous devancer à cheval pour commander les logements, avec les courriers expédiés par le roi à la rencontre des envoyés d'honneur, M. Caumont[2], avec plusieurs autres seigneurs, lesquels ont assisté au repas ; nous y fûmes traités princièrement, attendu qu'à chaque santé on tirait le canon ; les trompettes, les tambours et six musiciens se sont fait entendre. Au départ, on tira quelques coups de canon, parce que le gouverneur se trouvait lui-même aux portes.

Le 14 octobre nous arrivâmes à Chaumont[3], où nous fûmes reçus par une compagnie de cavaliers à une lieue de la ville, et introduits le soir avec des torches ; les canons tonnèrent beaucoup et les bourgeois étaient sous les armes avec quatre bannières. MM. de Bâle et moi avons été logés à Gelly dans six chambres, gratifiés de vin, d'un grand plat avec trois lièvres, des perdrix, des bécasses, des pigeons, des grives, déjà tout préparés. Je reçus, ainsi que chacun de MM. les envoyés, un cheval qui nous fut amené à l'hôtellerie. Pendant qu'on tirait le canon, le gendre de M. le landamann Richsteimer tomba dans un fossé avec son cheval.

Le 15 du même, nous partîmes de là ; la bourgeoisie était de

---

[1] Marschal du Loyey.

[2] J.-G. Dolfuss l'appelle tantôt *Gomon*, tantôt *Gomont*. — Dans une autre relation de ce voyage, par Wagner, secrétaire de la députation, ce nom est écrit *Goumont* et *Gomont*. Wagner le désignant comme faisant partie des Cammer-Edelleut, c'est-à-dire des pairs de France, et notre narrateur plus loin, page 20, sous le nom de maréchal de Gomont, il est hors de doute qu'il s'agit d'Armand-Nompar de Caumont, duc de la Force, pair et maréchal de France, qui porta les armes en Italie, en Allemagne, etc. Il ne fut nommé maréchal de France qu'après la mort de son père, en 1652, et mourut en son château de la Force le 16 décembre 1675, âgé de plus de 90 ans. Sa fille épousa Henri de la Tour, vicomte de Turenne, dont il est parlé plus loin.

[3] Chaumont.

nouveau sous les armes. Six pièces de campagne disposées sur la place firent feu lorsque nous la traversâmes à cheval. Une compagnie de cavaliers nous accompagna un bon bout de chemin et les canons de la porte tonnèrent. Le gouverneur, marquis de Renandt, qui, la veille, nous avait souhaité la bienvenue à côté du maire, se trouva encore avec lui sous la porte à notre départ, et, ainsi qu'à Langres, ils nous donnèrent la conduite revêtus du manteau aux couleurs de la ville et nous indiquèrent le chemin.

Le 16 du même. Le soir, nous arrivâmes à Clairvaux[1], où le fourrier du roi[2] nous donna nos logements à l'abbaye des Bénédictins. Saint Bernard est mort dans cette abbaye.

C'est un édifice magnifique, entouré d'un mur et presque aussi grand qu'une ville. L'abbé, à la tête d'environ trente moines, reçut MM. les envoyés devant l'église, les harangua en latin et nous conduisit dans nos chambres à travers l'église, superbe œuvre d'architecture ; M. le landamann d'Appenzell, M. le trésorier de Saint-Gall et moi fûmes aussitôt conduits dans un appartement où l'on nous servit un grand bocal de vin et du pain, en attendant que le souper fût prêt. Le majordome[3] vint ensuite de chambre en chambre nous chercher pour le souper, qui était servi dans une grande salle, où plus de 150 personnes pouvaient manger, sur deux tables rondes. Nous y fûmes admirablement traités. L'abbé, vieillard bienveillant, encourageait galment les envoyés d'honneur à table. Le lendemain matin, le grand-cellerier[4] nous a conduits par tout le couvent, il nous a tout fait voir, a ouvert le trésor du couvent et nous l'a montré ; il y en a pour beaucoup de milliers de thalers. Il s'y trouvait quelques ostensoirs[5] qui ont coûté plus de 1500 francs (l'abbé a un revenu annuel de 200,000 francs), et un

---

[1] *Clervo.*
[2] *Quadiermeister.*
[3] *Hoffmeister.*
[4] *Herr Grosskeller.*
[5] *Sonen.*

incroyable trésor de pierres précieuses diverses qu'on voyait sur toutes choses. Après cela l'on se mit de nouveau à table, et j'ai eu les deux fois l'honneur de me trouver à côté de l'abbé, qui m'engageait constamment à boire et à manger et m'appelait son voisin[1].

Jeudi, le 17 octobre, nous arrivâmes le soir à Vandeuvres[2], gros bourg[3], où se trouve un grand château et un beau vignoble ; mais nous n'y fûmes pas trop bien traités.

Le 18 du même, nous arrivâmes à Troyes[4], en Champagne, où quelques délégués du magistrat vinrent, à deux lieues de la ville, à notre rencontre pour nous y introduire. Lorsque nous nous approchâmes de la ville, on commença à tirer le canon. La bourgeoisie était tout entière sous les armes avec les bannières, qui étaient nombreuses : 24. Après m'être rendu à l'auberge du *Cygne*[5], à travers la foule, au logement des envoyés de Bâle, parce que pendant tout le voyage je me suis mis dans leur société, la bourgeoisie traversa la cour de l'auberge en tirant des coups de mousquet. Ensuite sont venus plusieurs membres du Conseil qui nous ont fait présent de trente-six bouteilles de bon vin clairet[6]. Il y avait un tel rassemblement de jeunes et de vieux, venus pour voir MM. les envoyés, qu'on fut obligé de les laisser passer par l'appartement de MM. de Bâle (à peu près cent personnes); quoiqu'on eût fermé, ils frappèrent tout de même à la porte. Le soir, au souper, un certain nombre de dames vinrent pour nous voir, leurs enfants à la main, afin que ceux-ci se souvinssent de ce jour et pussent en parler plus tard. Le lendemain matin on nous souhaita le bonjour avec huit canons, que mon lit en trembla.

Vers midi, on vint nous prendre dans des carrosses et on nous

---

[1] Vosin.

[2] Vandenor.

[3] *Marktflekhen.*

[4] Troy.

[5] Au retour il la désigne sous le nom de „*etrussen*", autruche.

[6] *Schiller wein,* aussi appelé vin rosé; vin formé du mélange de raisins rouges et de raisins blancs.

conduisit au champ de tir des arbalétriers, où se trouvaient environ cent personnes désireuses de nous voir; on tira le canon, on porta des santés, pendant qu'on faisait ouvrir partout les fenêtres, de peur que les carreaux n'éclatassent. Mentionnons encore qu'on n'a pas même pu empêcher le peuple, avec des bâtons et des cannes, de pénétrer dans la salle où devait avoir lieu le repas, et où quelques centaines de personnes trouvèrent accès. Si nos sièges n'avaient pas eu de dossier, il nous aurait été impossible d'y tenir; les femmes, ainsi que les enfants, s'y trouvaient en masse, car on ne leur avait pas réservé de place autour de la table. Comme on voulait passer à ceux qui étaient placés un peu loin quelque peu du dessert, ceux qui nous entouraient le leur prirent de force. A la fin, M. de Beaumont[1] voulut passer une assiette pleine à quelques dames, mais quelques assistants tombèrent dessus et l'enlevèrent. Dans cette confusion, nous nous sommes tous levés et avons pu passer à travers la foule dans la chambre à côté. Ensuite les mousquetaires ont fait quelques exercices dans la cour du tir[2]; c'est là qu'un officier, qu'on a dit être de Paris, s'est d'abord montré très adroit en agitant plusieurs drapeaux, ensuite en jetant en l'air un arc pour le reprendre avec son épée. Cet exercice a duré longtemps et ne lui a manqué qu'une fois. Puis nous nous sommes remis dans nos magnifiques carrosses. L'un, dans lequel j'étais arrivé avec M. le premier chef de tribu[3], était en damas rouge à fleurs; l'autre, qu'il a pris pour rentrer, en damas vert. Arrivés dans notre logement, M. le premier chef de tribu Socin et les deux bourgmestres Meyer et Mæder de Schaffhouse et moi, M. de Caumont nous a priés de nous promener avec lui. Je sortis de la ville en compagnie de M. le capitaine de notre logement, de M. le greffier de Schaffhouse et du susdit de Caumont. Il y avait là un gentilhomme[4], un

---

[1] Bomundt.
[2] *Schützhoff.*
[3] *Herrn Oberst Zunftmeister.*
[4] *einsen (sic) vom Adel.*

des fourriers du roi, fils unique, dont les parents étaient vieux et malades, qui avait une envie démesurée de nous voir. Nous vîmes aussi là un très grand jardin avec des allées, où l'on pouvait passer en voiture, et des étangs avec des carpes, qui, à ce qu'on disait, avaient plus de 50 ans; en frappant du pied, elles accouraient manger le pain qu'on leur jetait. Il s'y trouve douze aunaies où l'on peut prendre des lièvres et d'autre gibier. Le tout est entouré d'eau; de plus, un vignoble qui rapporte en de certaines années jusqu'à cent muids de vin. Il s'y trouve une jolie maison de plaisance, un jardin avec des orangers, des citronniers et des fleurs. En somme, je ne peux pas assez décrire tout cela; mais nous n'avons pu nous arrêter davantage, la nuit survenant. Chacun de nous a bu deux verres d'excellent vin clairet, meilleur que celui que nous avons eu jusqu'à présent; en outre, on nous a servi un morceau de délicieux fromage. Samedi, le 17 octobre, nous avons reçu des cadeaux à Troyes; partis le 18, nous avons reçu chacun un grand et beau gobelet. Reconduits à notre logement, nous fûmes suivis par les acclamations d'une foule moins nombreuse, vu que c'était un dimanche.

Dimanche à midi nous nous arrêtâmes à Pavillon[1], joli bourg, et le soir à Ossey-les-Trois-Maisons[2], un joli bourg où nous avons trouvé une excellente auberge.

Le 19 du même, à Nogent-sur-Seine[3], ville sur la Seine, où la bourgeoisie est venue à notre rencontre avec deux bannières; s'étant partagés en deux troupes, une bannière devant nous, l'autre derrière nous, ils nous conduisirent dans une grande auberge du faubourg, où nous nous installâmes tous. Aussitôt après, les autorités vinrent nous recevoir. (Le gouverneur s'appelait M. Chaveny).

Après cela, on nous fit cadeau d'excellent vin jaune d'or; il y en avait environ cent bouteilles; n'ayant pas pu tout boire, nous

---

[1] Banillon.
[2] Tro Moson.
[3] Nojan.

avons emballé une bonne partie des bouteilles dans la voiture et avons laissé les autres à l'aubergiste.

L'après-midi, à notre départ, les bourgeois étaient de nouveau sous les armes ; en tirant des coups de mousquet ils ont effrayé nos chevaux, de sorte que nous chevauchions avec grand danger. Les chevaux de M. le landamann Richsteimer et de M. le trésorier de Saint-Gall tombèrent dans des trous, de manière qu'ils étaient en grand danger[1], une grande quantité d'eau s'y étant déversée. Nous fûmes obligés de passer sur une vingtaine de ponts, où nous vîmes des bateaux chargés d'immenses tas de foin à destination de Paris.

Le soir, nous arrivâmes à Provins, ville d'un bel aspect, avec un château sur la montagne ; tout est construit, paraît-il, d'après le style de la ville de Jérusalem. M. le maire de la ville et une troupe de cavaliers vinrent recevoir les envoyés d'honneur à une lieue et demie de la ville. Les enfants, pouvant à peine porter un pistolet, vinrent à notre rencontre, ainsi que les bourgeois avec leurs bannières. On tira le canon. Hors la porte, nous fûmes reçus par les conseillers ; dans la ville, le gouverneur nous reçut avec la petite bannière et un long discours. Les petits garçons en jupes se tenaient à côté des bourgeois ; ils avaient des épées au côté et un pistolet sur les épaules. En somme, on ne peut tout décrire en détail. Lorsque nous fûmes descendus à l'auberge, MM. de Bâle et ma modeste personne, les membres du Conseil vinrent et nous firent présent de trente bouteilles d'excellent vin, ainsi que de trente-six boîtes de conserves.

Lundi, le 19 du même. Idem dans une auberge située devant Nangis[2], petite ville, où nous nous arrêtâmes pour dîner.

20 du même. Idem à Sucy, village où nous avons passé la nuit.

Le 21 octobre. Vers midi, nous arrivâmes dans un village du nom de Boissy[3], à deux lieues de Charenton[4]. Vers le soir, nous

[1] *Leib und Lebens Gefahr.*
[2] Nanie.
[3] Basy.
[4] Charentun.

atteignîmes cette dernière ville, après que M. Caumont, notre guide ou fourrier nommé par le roi depuis Langres, fut venu à notre rencontre, avec quatre chevaux blancs, à une distance de plus de trois lieues. Il invita les deux bourgmestres de Schaffhouse et ma modeste personne à nous mettre avec lui dans sa voiture jusqu'à Charenton, où, sur les instructions de M. le capitaine Stuber, commandant la compagnie de Bâle, on nous conduisit, MM. de Bâle et moi, dans le logement de M. Le Bossy, baron de Méry, seigneur de l'endroit. Mais comme le maître de la maison se trouvait à Paris, M. le capitaine susdit a dû s'occuper des soins de la maison. Son maréchal-des-logis était venu à notre rencontre un jour et demi auparavant et nous a installés dans une très belle maison de plaisance, située sur les bords de la Seine, où l'on nous a fort bien traités. Mais nous avons préféré avoir notre logement dans une auberge, où l'on nous fait notre compte[1] et où nous pouvons commander. Aussi, après avoir envoyé le matin le jeune M. Socin avec M. le lieutenant Baumgartner, ainsi que le valet à cheval[2], Simon Keller, à Paris, à la recherche d'un bon logement, qu'ils trouvèrent en effet à l'hôtellerie de Flandre[3], tout près de la rue Sainte-Marthe, dans une petite rue du nom de Petits-Champs[4], nous y descendîmes et y trouvâmes un bien bon gîte. Je m'y trouvais seul dans une belle chambre avec un lit bien monté. Mon domestique, Pierre Zetter, se trouvait dans un gentil petit cabinet à côté, pour que je pusse l'appeler en cas de besoin. Le lendemain, MM. de Bâle ont derechef envoyé leur Simon à Charenton, avertir MM. de Schaffhouse que, pour certaine cause, nous n'avions pu rester plus longtemps à Charenton et que nous nous étions rendus en ville. M. le greffier de Schaffhouse vint nous rejoindre, après s'être égaré pendant presque deux heures et demie dans la ville, et nous demanda s'ils

---

[1] *da man uns die Ihrte macht. Ihrte* veut dire écot : *Zeche.*
[2] *Vberreiter.*
[3] *Lodellery de Flanderen.*
[4] *blide-Joan.*

ne pouvaient avoir de la place auprès de nous. Comme appartements, la chose aurait pu se faire, mais à cause des écuries ils ne purent s'installer chez nous.

Dimanche, le 25 octobre, nous sommes allés dans la voiture de M. le capitaine Stuber, avec son frère qui est pasteur, au temple à Charenton et avons assisté au service divin. Après le sermon, MM. les pasteurs nous ont complimentés devant l'église. Il y avait une si grande foule que l'on se portait presque les uns les autres. On vola la montre à M. le trésorier Werdtmüller, de Zurich; au jeune M. Waser, greffier, sa bourse renfermant près de 7 doublons. D'autres vols furent encore commis. Puis nous avons dîné dans notre ancien logement dont il a été parlé plus haut et que M. le capitaine Stuber nous avait fait préparer. Le service se fit très rapidement, parce que nous avions pensé qu'une séance de tous les envoyés aurait lieu, attendu qu'ils étaient tous arrivés la veille; la réunion n'eut lieu que pour les membres protestants. Mais comme la nuit approchait, nous demandâmes la permission de repartir pour Paris et sommes rentrés en voiture, c'est-à-dire M. le premier chef de tribu Socin, M. le greffier Burckhardt et moi.

Le 26 du même, sur la demande de MM. les envoyés, nous nous rendîmes de nouveau à Charenton, le matin de bonne heure, au logement de MM. de Zurich, où nous attendîmes MM. les autres envoyés. On ne soupa qu'à 10 heures et nous délibérâmes sur la manière de nous comporter à la réception; si, arrivés devant le roi, nous devions remettre aussitôt le chapeau ou bien suivre le cérémonial des cavaliers. Mais comme il n'y aurait pas de discours, ainsi que c'est la coutume avec d'autres potentats, la majorité était d'avis que les choses allassent de même qu'en 1602 et qu'on s'en tînt là. Pendant que nous étions ensemble, une lettre est venue de Paris annoncer que deux envoyés arriveraient à 10 heures; ce qui eut lieu, et sont arrivés MM. Bernis et Bousicoles[1], qui nous ont informés quand aurait lieu l'entrée, c'est-à-dire le vendredi.

---

[1] Wagner les appelle les deux introducteurs des ambassadeurs, M. de Berlize Faure et M. Chabenat Bonœil, vicomte de Sérigny.

Mardi, le 27 du même, nous nous rendîmes de nouveau à Charenton, et, à la séance, nous délibérâmes sur la querelle qui s'était élevée entre le greffier[1] de Baden et le greffier de la ville de Soleure, attendu que chacun voulait remettre au roi l'instrument de l'alliance. Comme les uns se mirent du côté du premier, les autres du côté du second, on ne put prendre aucune décision. On convint alors que les députés prendraient le titre d'Excellence, comme le portait déjà l'ambassadeur de Soleure. On agita une seconde fois la question de savoir si, après avoir salué le roi, MM. les envoyés se couvriraient de nouveau, ce que le roi avait nettement refusé. Toutefois il fit savoir qu'il les ferait escorter par ses grands dignitaires et qu'ils chevaucheraient à main droite, et qu'il leur offrirait toutes sortes de satisfaction. Il paraît encore qu'on a rapporté au roi que les magistrats ont recommandé aux envoyés de la Confédération de ne pas boire trop de vin.

Mercredi, le 28 octobre, nous partîmes, moi et M. le greffier, seuls pour Charenton afin d'assister à la séance.

On y discuta encore un peu avec un seigneur français[2] qui se trouvait souvent en compagnie de M. l'ambassadeur de Soleure, à propos de la question du chapeau, ensuite sur ce que l'on dirait au roi. On nomma une commission pour en délibérer.

Jeudi, il y eut de nouveau séance à Charenton. Les députés protestants envoyèrent en secret un courrier dans les vallées piémontaises[3].

Le 30 du même. Vendredi matin, je me rendis de nouveau à Charenton dans la voiture de MM. les envoyés d'honneur de Bâle. On fit sortir nos chevaux et MM. les envoyés partirent avec une

---

[1] *Landtschreiber.*

[2] M. le président Servien, que Wagner cite également comme se trouvant souvent avec l'ambassadeur de Soleure. Ennemond Servien, chevalier, seigneur de Cossay, et de la Balme, conseiller d'État, président en la Chambre des comptes du Dauphiné et ambassadeur en Savoie de 1618 à 1676. Il avait été avec le duc de Longueville et M. d'Avaux, l'un des négociateurs de la paix de Westphalie.

[3] Vallées vaudoises.

suite de seigneurs qui les accompagnèrent jusqu'au bois de Vincennes[1], avec le maréchal de Caumont et d'autres grands personnages. Là, on nous fit voir les appartements royaux. Dans deux salles, les lustres étaient d'argent, dans les autres, presque tous de cristal; on y voyait les plus beaux meubles[2] (incrustés) en écaille de tortue, les lits et les rideaux en draps d'or. En somme, on ne peut assez décrire tout; tout est doré. Comme c'était un vendredi, on nous servit toutes sortes de poissons et toutes sortes de desserts délicieux. Au moment de nous lever de table, la foule se précipita dans la salle, de sorte que nous ne pûmes presque pas nous éloigner. Quand nous sortîmes, des voitures stationnaient des deux côtés de la route jusqu'en ville, quelques centaines jusqu'à notre auberge, et une telle foule de gens qu'on les a évalués à plus de cent mille et au-delà, (plus de 300,000 personnes). On a payé pour une chambre 7 doublons, rien que pour voir l'entrée du cortège. A notre arrivée au faubourg Saint-Antoine, on tira les mortiers et les canons. Près des portes de la ville, la canonnade reprit, et il y avait avec cela une si grande foule que nos chevaux eurent de la peine à avancer. Deux de la noblesse, parfois aussi trois, chevauchaient à côté de moi; deux m'ont conduit dans mon logement, qu'à la nuit tombante je n'aurais certainement pas retrouvé. Installés à l'auberge, deux membres du Conseil vinrent bientôt nous rejoindre, pour nous annoncer un envoi de vingt-quatre bouteilles d'hippocras et de vingt-quatre bouteilles de bon vin clairet, ainsi que de vingt-quatre flambeaux de cire blanche, dont six pour moi, que MM. de Bâle emporteront chez eux (sic). J'ai eu pour ma part cinq bouteilles d'hippocras et cinq bouteilles de bon vin blanc et rouge, et quatre boîtes de confitures.

Le 31 octobre. Samedi matin, lorsque nous fûmes convoqués pour la séance à l'hôtel de ville[3], les magistrats nous reçurent et

------

[1] Buo de Vincennen.
[2] Tressor.
[3] in der Herren Haus.

nous firent présent de vin et de desserts. Ensuite le secrétaire de la séance vint nous souhaiter la bienvenue au nom de ses maîtres et nous invita pour le lundi, vu que nous étions déjà invités pour le dimanche chez M. le chancelier[1].

(*N.-B.* — Les catholiques ont voulu faire entrer Rottweil[2] dans l'alliance).

A 11 heures, nous nous rendîmes tous en voiture chez M. de Lionne[3]; moi et MM. de Bâle nous nous mîmes dans la voiture de M. le capitaine Stuber.

De retour dans notre logement, nous y trouvâmes quatre valets, porteurs de bouteilles, que le roi avait envoyées. Nous en fîmes le partage. Quant à moi, je laissai ma part avec celle de MM. de Bâle, parce que nous prenons toujours nos repas en commun; il y avait en tout vingt bouteilles.

Dimanche, le 1er novembre, nous nous réunîmes en séance à l'hôtel de ville, pour délibérer si on devait aussi saluer le duc d'Orléans[4] la tête découverte.

Vers 11 heures, nous nous rendîmes en quarante voitures à la demeure du grand-chancelier. Dans l'allée principale, se trouvaient, placés sur deux rangs, quarante trompettes et quatre timbaliers, qui se répondaient et qui se firent entendre tout le temps, à côté des vingt-quatre musiciens du roi. Nous y avons été fort bien

---

[1] Pierre Séguier, chancelier de France, duc de Villemor, comte de Gien, etc., pair de France et garde des sceaux des ordres du roi; né à Paris le 29 mai 1588 et mort à Saint-Germain-en-Laye le 28 janvier 1672.

[2] Rottweil était une ville alliée comme Mulhouse et avait son importance comme siège du tribunal suprême de l'empire ou tribunal aulique, auquel ressortissaient également la Souabe, l'Alsace et la Suisse.

[3] Hugues de Lionne, ministre d'État sous Louis XIV, un des hommes les plus distingués de son temps, né en 1611, mourut à Paris le 1er septembre 1671.

[4] Philippe de France, duc d'Orléans, de Chartres, de Valois, etc., chevalier des ordres du roi, second fils de Louis XIII, roi de France; né à Saint-Germain-en-Laye le 21 septembre 1640, mourut subitement d'apoplexie à Saint-Cloud, près Paris, le 9 juin 1701. Il porta le titre de duc d'Anjou jusqu'en 1661, ensuite celui de duc d'Orléans, mais on l'appelait plus généralement *Monsieur*.

traités. Le prince d'Harcourt[1] arriva ensuite pour recevoir MM. les envoyés qu'il accompagna en voiture jusqu'au Louvre. Il y avait une telle foule qu'on s'est presque écrasé pour arriver jusqu'au roi, auquel nous donnâmes la main les uns après les autres, et M. le bourgmestre Waser prononça le discours. Il y avait là un interprète[2] qui le traduisit; le roi fit un petit discours qu'on n'a du reste pas compris (qu'il donnera ordre à ses conseillers que toute satisfaction soit donnée). Là-dessus nous nous sommes retirés avec une révérence et nous nous sommes rendus dans les appartements de la reine[3].

La reine-mère[4] occupait le côté droit, la jeune reine, le côté gauche; le frère du roi s'y trouvait aussi occupant avec d'autres seigneurs le côté gauche, tandis que chez le roi il avait occupé le côté droit.

Après les salutations nous partîmes et, à travers la foule, nous nous rendîmes chez le dauphin[5]. J'avais de la peine à m'approcher; à la fin, M. de Caumont, notre guide, me vit et dit à la nourrice[6] : voici encore un ambassadeur; celle-ci ayant demandé : où est-il? on fut forcé de me faire de la place. Le dauphin me donna la main, je la lui baisai et lui dit : « Je suis votre ami de tout mon cœur »[7], et puis nous partîmes à la nuit close, M. le premier chef de tribu, M. le greffier de la ville de Bâle, MM. les deux bourgmestres de Schaffhouse et M. le trésorier de Saint-Gall et moi dans une même voiture. Pendant que nous étions encore dehors, le roi nous fit de nouveau donner quinze bouteilles de vin, à moi et à MM. de Bâle.

---

[1] François, prince d'Harcourt, comte de Rieux, grand-écuyer, gouverneur de Brisach, né en 1623, mort le 27 juin 1694.

[2] Vigier.

[3] Marie-Thérèse, Infante d'Espagne.

[4] Anne d'Autriche.

[5] Louis de France, né à Fontainebleau le 1er novembre 1661, mourut le 14 avril 1711, à Meudon, de la petite vérole.

[6] Marquise de Montausier, gouvernante des enfants de France.

[7] « Je su voter Amy de tuot mon cœur. »

A notre descente de voiture, la ville nous fit encore cadeau de quarante-huit bouteilles de bon vin clairet, vingt-quatre pour moi et vingt-quatre pour MM. de Bâle, et à chacun deux grands pâtés, desquels j'aurais eu à manger pendant plus de huit jours et dans lesquels il y avait du jambon des Pays-Bas. Tout fut consommé dans l'appartement de MM. de Bâle; la chambre était pleine de bouteilles.

Le 2 novembre, MM. les envoyés se réunirent de nouveau et furent conduits tous ensemble en voiture chez le comte de Soissons[1] (trois de ses fils[2] ont été portés autour de la table et on les a embrassés); les choses se sont passées encore plus splendidement que la veille. Après le dîner on nous conduisit au palais du duc d'Orléans, que nous avons salué, ainsi que son épouse[3], et j'ai été

[1] Eugène-Maurice de Savoye, comte de Soissons, fils puîné de Thomas de Savoye, prince de Carignan, et de Marie Bourbon, comtesse de Soissons, né le 3 mai 1635, s'établit en France, où il fut colonel général des Suisses et Grisons, gouverneur de Champagne et de Brie, lieutenant général des armées du roi. Il épousa le 21 février 1657 Olympe Mancini, nièce du cardinal Mazarin, et mourut le 7 juin 1673.

[2] Wagner aussi mentionne trois fils seulement et cite particulièrement l'aîné, « le prince Thomas », mais M. Charles Doll, dans *Les Relations diplomatiques de l'ancienne République de Mulhouse*, page 50, parle de cinq fils. Nous ignorons à quelle source M. Doll a puisé ce renseignement.

Voici leurs noms :

1° Louis-Thomas de Savoye, comte de Soissons, chevalier de l'ordre de l'Annonciade, maréchal des camps et armées du roi de France, colonel du régiment de Soissons, né le 16 octobre 1657, mourut le 25 août 1702 des blessures qu'il avait reçues devant Landau, étant alors au service de l'empereur;

2° Philippe, chevalier de Malte, abbé de Saint-Pierre de Corbie, de Saint-Médard de Soissons et de Notre-Dame du Gard, mort le 4 octobre 1693, âgé de 31 ans;

3° Louis-Jules, dit le chevalier de Savoye, gouverneur de Salusses, né le 2 mai 1660, mourut au siège de Vienne en 1683, âgé de 23 ans;

4° N.. comte de Dreux, mort en 1673;

5° Eugène-François, né le 18 octobre 1663, connu premièrement sous le nom de chevalier de Carignan, puis sous celui d'abbé de Savoye, et enfin sous celui du prince Eugène; chevalier de la Toison d'or, généralissime des armées de l'empereur, conseiller d'État, président du conseil de guerre de l'empereur et gouverneur des Pays-Bas.

[3] Henriette-Anne, princesse d'Angleterre, fille de Charles Ier, roi d'Angleterre. Morte le 30 juin 1670, plus généralement connue sous le nom de *Madame*.

ensuite reconduit seul à mon logement dans la voiture du prince de Condé[1].

Mardi, le 3 du même, on nous conduisit en voiture au palais du maréchal de Turenne[2] pour y diner; nous y avons été magnifiquement reçus et traités au-delà de toute mesure. Dans les escaliers se trouvaient deux corridors; celui du haut était rempli de dames, celui du bas de musiciens et de joueurs de hautbois; c'étaient ceux du roi; j'en ai compté vingt-huit. Et il y avait en outre encore d'autres musiciens qui jouaient alternativement avec les autres. Dans la cour se tenaient les trompettes et les timbaliers qui se répondaient et dont les fanfares se faisaient entendre toutes les fois qu'on portait une santé. Ensuite nous nous rendîmes en voiture au palais du prince de Condé et l'avons salué, ainsi que son fils, le duc d'Enghien[3], qui se tenait à part dans sa chambre. Je suis de nouveau rentré seul dans une voiture.

Mercredi, le 4 du même, il y eut un magnifique festin chez le maréchal de Grammont[4], après lequel on joua la comédie[5] suivie d'un feu d'artifice; l'une et l'autre réussirent très bien.

N'oublions pas que lorsque nous nous sommes rendus, la veille, de chez le maréchal de Turenne auprès du prince de Condé, la voiture du landamann d'Appenzell, des Rhodes intérieures, a été accrochée par derrière entre les roues. Je l'ai vu de mes propres yeux et j'ai cru qu'il serait pris dans la roue; il s'est cassé un bras en trois endroits et une jambe en deux.

---

[1] Louis de Bourbon, prince de Condé, plus connu sous le nom de *grand Condé* est né le 8 septembre 1621 et mourut le 11 décembre 1686.

[2] Henri de la Tour d'Auvergne, vicomte de Turenne, maréchal général des camps et armées du roi, colonel général de la cavalerie légère, maréchal de France, gouverneur du haut et bas Limousin, né à Sedan, en septembre 1611. Il fut tué à Saasbach d'un coup de canon, le 27 juillet 1675.

[3] Henri-Jules de Bourbon, prince de Condé, pair et grand-maître de France, chevalier des ordres du roi, né à Paris le 29 juillet 1643, mourut le 1er avril 1709. Il porta le nom de *duc d'Enghien* jusqu'à la mort de son père.

[4] Antoine, duc de Grammont, pair et maréchal de France, comte de Guiche, etc., né à Hagetmeau l'an 1604, mourut à Bayonne le 12 juillet 1678.

[5] Cette représentation était donnée par *Molière* et sa troupe!

Jeudi, le 5 novembre, MM. les envoyés ont été les hôtes du maréchal de Villeroi[1], mais dix ou plus d'entre eux s'en dispensèrent. Nous y fûmes encore magnifiquement traités. Avant le repas, MM. les envoyés s'étaient réunis en séance, où l'on donna lecture de la réponse du roi au mémoire des envoyés. Mais comme celle-ci ne plut pas aux envoyés, on se rendit en voiture chez le grand-chancelier, où les ministres étaient réunis. On ne tomba pas d'accord et on s'ajourna au lendemain pour délibérer.

Le 6 novembre, MM. les envoyés furent invités par le maréchal d'Aumont[2], qui, à son tour, les traita splendidement. Le soir, sur un échafaud dressé sur le Pont-Neuf, on roua un homme condamné pour meurtre et pour vol; deux de ses complices étaient encore en prison.

Samedi, le 7 du même, chacun resta dans son logis et mangea à la table de son hôte.

Dimanche, le 8, l'alliance fut jurée dans l'église Notre-Dame. Le matin, à la pointe du jour, on tira vingt-quatre coups de canon. Les envoyés se réunirent dans la maison désignée et, vers 8 heures, on amena les voitures; vers 9 heures. nous partîmes pour la susdite église. Mais comme plus de cinq mille personnes s'y étaient réunies avant le jour et même pendant la nuit, le roi les fit chasser le matin. Le roi arriva seulement vers midi. Nous nous sommes rendus dans la maison de l'évêque, où nous devions dîner, et nous avons attendu dans une salle. Dès que le roi fut arrivé à l'église, les grands vinrent nous prendre. Le roi était assis sur des coussins

[1] Mulleroy. — Nicolas de Neufville, duc de Villeroi, pair et maréchal de France, chevalier des ordres du roi et gouverneur de la ville de Lyon, etc., né en 1597, mourut le 28 novembre 1685.

[2] De Moris, suivant J.-G. Dolfuss; ce qui est une erreur, aucun nom semblable ne se trouvant sur la liste des maréchaux de France. Wagner, de son côté, désigne leur hôte de ce jour comme ayant été le maréchal d'Aumont.

Antoine d'Aumont et d'Estrabonne, pair et maréchal de France, était duc d'Aumont, marquis d'Iles, etc., chevalier des ordres du roi, capitaine de ses gardes du corps, gouverneur et lieutenant général de Paris, de Boulogne et du pays boulonais. Né en 1601, mourut d'apoplexie à Paris, le 11 janvier 1669.

élevés, sous un dais qui se trouvait devant l'autel; nous passâmes tous devant lui en le saluant, et on nous désigna tout auprès des chaises et de longs bancs recouverts de velours. Comme je me trouvais sur une des dernières places, les envoyés protestants quittèrent leurs places. Lorsque la messe commença, je ne pus presque pas passer en avant des catholiques, et je pris ainsi seul le chemin; cependant quelqu'un me conduisit jusque chez les autres envoyés qui se trouvaient réunis sur la galerie. (Après la messe, l'évêque[1] présenta au roi le Saint-Sacrement). L'archevêque de Reims célébra la messe et fut servi par d'autres prêtres habillés de blanc. Après la messe nous descendîmes et restâmes debout devant nos chaises. L'ambassadeur de Soleure[2] commença alors la cérémonie. M. le bourgmestre Waser fit ensuite son allocution au roi, que l'interprète de Soleure traduisit en français. Ensuite le serment fut lu par le chancelier[3] au bourgmestre, une fois pour tous, et tous ceux des envoyés qui purent trouver place se groupèrent autour. L'un après l'autre dut s'approcher et poser la main sur l'Evangile. Après quoi le roi, dans un petit discours, promit de maintenir l'alliance, et le chancelier développa la chose plus longuement. Le roi s'approcha et étendit à son tour la main sur le livre sacré. Après cela, on entonna un chant, pendant lequel l'évêque se tint auprès de l'autel avec sa crosse. Il avait une paire de gants rouges en velours, et par dessus, au doigt, un grand et bel anneau. Pendant le chant on lui présenta un livre, duquel il lut quelques passages à deux reprises. Finalement il fit sur le peuple le signe de la croix et lui donna sa bénédiction. Il y avait une telle foule que nous avions beaucoup de peine à passer entre

[1] Le cardinal Antoine Barberini, grand-aumônier de France.

[2] Jean de la Barde, conseiller d'Etat, marquis de Marolles-sur-Seine, ambassadeur de France en Suisse. Il a écrit en latin l'*Histoire de France, depuis la mort de Louis XIII jusqu'à l'année 1652*, ouvrage imprimé en 1671, in-4°. Il mourut en 1692, au mois de juillet, âgé de 90 ans.

[3] C'était d'Ormesson, doyen du Conseil des ministres, qui remplaçait le chancelier malade.

les Suisses et les archers du roi. Le roi sortit d'abord, et ensuite la reine-mère et la jeune reine, qui avaient été assises sur des sièges élevés à côté de la duchesse d'Orléans; après eux vinrent les confédérés, qui se rendirent dans la maison susdite, où ils se mirent immédiatement à table. Elle était si grande que quatre-vingt-dix personnes y purent prendre place. Pendant le repas, le roi, les deux reines et la duchesse d'Orléans étaient placés sur une estrade élevée. Le roi s'approcha de la table, adressa quelques mots au bourgmestre de Zurich et vida d'un trait un verre de vin rouge à la santé de MM. les envoyés. Bientôt après, il nous quitta avec les dames. Lorsqu'on se leva de table, ceux qui nous entouraient se précipitèrent dessus en tel désordre que nous aurions presque perdu nos manteaux et autres effets. Aucun festin ne s'est terminé dans une confusion semblable.

Mentionnons encore que, pendant le sermon d'alliance, le canon fut tiré deux fois avec grand fracas. Vers la nuit on tira si longtemps avec de grosses pièces que nous crûmes que cela ne prendrait plus de fin.

Lundi, le 9 novembre, MM. les envoyés allèrent saluer Mme de Longueville[1] et furent reconduits ensuite comme hôtes, dans les voitures, par devant le Conseil à l'hôtel de ville. Le dîner qu'on nous offrit a été plus brillant que tous les précédents.

On ne peut assez dire combien tout était magnifique. Au dessert il y avait des oiseaux qui, au toucher, s'envolaient en agitant des grelots. Item des statuettes de femmes et d'hommes en sucre qui lançaient de l'eau de roses. Item sur les fruits se trouvaient de petits drapeaux avec les armes des confédérés. A l'entrée de l'hôtel de ville il y avait une toile sur laquelle étaient peintes les armes de tous les cantons, au-dessus de la porte, celles du roi, au milieu

---

[1] De Lungenwill. — Anne-Geneviève, fille de Henri de Bourbon, prince de Condé et sœur du grand Condé, était la veuve de :
Henri II, duc de Longueville et comte de Neuchâtel; né le 27 avril 1595 et mort le 11 mai 1663.

et les armes de la ville au-dessous. Item les musiciens du roi, au nombre de vingt-quatre, et six joueurs de hautbois se tenaient sur une estrade construite exprès, une rangée au-dessus de l'autre, qui jouaient tout le temps ; en somme, on ne peut assez dire ce qu'on nous a de nouveau fait d'honneurs.

Avant d'aller au dîner, M. l'ambassadeur de la Barde nous a présenté et remis les chaînes données en cadeau par le roi, auxquelles était suspendue la médaille, ainsi que deux médailles d'argent pour mes deux compagnons, c'est-à-dire pour Onofrin Merian de Bâle et M. l'apothicaire Christophe Glaser, établi aujourd'hui à Paris, et que j'avais présentés comme parents. Je leur remis aussitôt les deux médailles, en tout semblables à celles des chaînes, sauf qu'elles étaient en argent.

Mardi, le 10 novembre, on nous conduisit tous dans les voitures du roi au bois de Vincennes, où le roi avait rassemblé tous les régiments d'infanterie et de cavalerie se trouvant autour de Paris : plus de huit mille fantassins et plus de douze cents cavaliers. On les rangea en bataille, sur une grande et belle place, sous les ordres du roi. Du haut du château, nous vîmes défiler les uns après les autres les compagnies et les régiments. Pendant ce temps, le repas avait été préparé et on y appela MM. les envoyés avec quelques-uns des gens du roi. Les choses se passèrent rapidement. Le roi était resté avec les soldats.

Après nous être levés de table, tous ceux qui avaient fait amener leurs chevaux par leurs domestiques et auxquels on avait fait annoncer d'avance qu'on devait amener les chevaux, se sont mis en selle. Dès que nous fûmes arrivés près du roi, qui se tenait au milieu des seigneurs, il alla de l'avant avec son cheval, chacun le suivit en passant d'un escadron et d'une brigade à l'autre jusqu'au dernier. Ensuite ils firent trois fois feu, les uns après les autres, ce qui était amusant à voir. Puis nous avons pris notre rang et les troupes défilèrent devant nous. En dernier lieu, le roi descendit de cheval dans la cour; nous le suivîmes pour nous rendre dans ses appartements et pour prendre congé de lui, en lui donnant de nouveau la main. Le roi monta aussitôt dans sa voiture et s'éloigna. Nous en fîmes autant. Sur notre chemin, près des portes, environ cent voitures se sont tellement emmêlées qu'on ne put plus avancer et que nous avons dû attendre assez longtemps.

Le 11 du même, MM. les envoyés furent invités chez la duchesse de Longueville, qui les traita admirablement bien.

Le 12, nous avons été invités, MM. de Bâle et moi, chez le capitaine Stuber, qui nous a très bien reçus. En portant les santés, on mit le feu successivement à de petits canons placés sur des roues ou sur d'autres affûts, et à de petits mortiers qui détonnèrent tellement que les vitres éclatèrent.

Le 13 novembre, à 3 heures du matin, le feu prit dans notre hôtellerie de la manière suivante : Un jeune homme que MM. de Schaffhouse avaient emmené avec eux, mais qui avait déjà été donné à leur capitaine de Waltkirch, était resté à boire et à jouer dans sa chambre, à leur insu, avec les garçons de la maison ; il avait ajusté contre le mur sa chandelle, qui, pendant son sommeil, tomba et alluma la paillasse. Les voisins furent avertis par l'odeur de la paille brûlée et donnèrent l'alarme. Deux étrangers, logés dans la chambre voisine, se réveillèrent et enfoncèrent la porte ; le mur, le lit, tout était déjà brûlé. Si le bruit s'en était répandu, nous aurions sûrement été pillés, comme on venait de le faire tout récemment près des portes.

M. d'Abon[1] pria les treize cantons, ainsi que leurs alliés, d'être parrains d'un petit garçon du nom de .....[2] Pour la cérémonie on se fit représenter par Uri, Schwyz, Fribourg et Soleure.

Le 14, on commença à prendre congé des grands seigneurs.

Dimanche, le 15 du même, nous nous rendîmes à l'église à Charenton, où, après le sermon, le pasteur nous souhaita beaucoup de bonheur pour le retour.

Lundi, le 16 du même, après que les cantons catholiques se

---

[1] Du Bon — *d'Abon*, trésorier général des ligues de Suisse.
[2] Illisible dans le manuscrit.

furent mis en route avec MM. de Bienne, les envoyés des cantons protestants prirent en mains les affaires religieuses concernant les gens des vallées piémontaises et le petit pays de Gex.[1]

Mardi, le 17, MM. les envoyés protestants se rendirent tous en voiture chez M. de Lionne, pour apprendre ce qu'on avait décidé concernant le petit pays de Gex.

MM. de Berne n'étant pas arrivés à l'heure, nous y sommes retournés une seconde fois. Comme nous devions avoir notre audience d'adieu et que le docteur de Genève, qui s'était fait employer dans cette affaire, tardait de venir (nous l'avions attendu presque une heure dans la cour et dans la salle basse), nous avons demandé une audience sans lui. Je pris la lettre et le sceau sous mon manteau et nous nous rendîmes dans le cabinet de M. de Lionne, et nous y avons discuté la question relative au petit pays de Gex. M. de Lionne nous répliqua qu'on avait suffisamment délibéré sur cette question; que le roi était souverain; qu'il pouvait créer des églises de sa religion dans son royaume; que le roi ne donnait pas d'ordre aux confédérés dans leur pays; que, du reste, ils avaient l'exercice de leur religion libre, deux églises, que voudraient-ils demander de plus? Là-dessus, l'un après l'autre, on lui répondit que MM. les confédérés s'occupaient de ces gens, pour la même raison qu'ils avaient donnée au roi, son prédécesseur, en présence de onze cantons de la Confédération, afin d'amener un arrangement dans lequel seraient engagés la Savoie et le roi d'Espagne, comme la présente lettre avec son sceau le prouvait. On la lui présenta, mais il ne voulut pas la recevoir, sous prétexte qu'il ne s'en suivait pas, parce que quelqu'un est maître d'un pays, qu'il soit autorisé par là à y établir sa religion. Il ajouta qu'il y avait (en Suisse) des territoires où les cantons protestants étaient aussi maîtres, sans toutefois avoir le droit d'y faire construire des temples. Finalement il dit que si son roi n'était pas si bien disposé

---

[1] Ché. — Gex, ancien pays de France, dans la province de Bourgogne. Aréa 47,500 hectares. Compris aujourd'hui dans le département de l'Ain.

pour leur nation, il ne les écouterait plus. L'envoyé de Genève étant survenu et ayant également produit ses observations, nous nous retirâmes.

Le lendemain nous avons fait demander de nouveau audience à M. de Lionne pour lui faire nos adieux, mais il s'était rendu à la campagne. Les confédérés protestants se réunirent alors de nouveau, à l'exception de ceux d'Appenzell, de Saint-Gall et de Bienne, qui étaient déjà partis, et se concertèrent comment on pourrait arranger l'affaire. D'abord on se rencontra dans le logement de MM. de Berne, et comme les ambassadeurs d'Angleterre et de Hollande étaient aussi absents, ils avaient fait connaître leur opinion par écrit. On proposa d'abord que M. le greffier de la ville de Bâle resterait à Paris et poursuivrait l'affaire avec eux auprès du roi. Mais on se décida autrement, à cause des grands frais qui en seraient résultés. On se réunit donc de nouveau au local ordinaire, et on fit mettre sur papier, par ceux de Genève, ce qu'on avait à demander au roi et à M. de Lionne à ce sujet. Les deux ambassadeurs d'Angleterre et de Hollande signèrent d'abord et les confédérés ensuite. Les deux ambassadeurs devaient rester chargés de l'affaire.

Concernant les gens des vallées piémontaises, on y avait envoyé, aussitôt arrivé à Charenton, un courrier pour savoir ce qui s'était passé; celui-ci revint seulement après le départ des confédérés catholiques et apporta une lettre de MM. les ambassadeurs de Zurich et de Berne, qui se trouvaient à Turin, disant qu'ils avaient été reçus splendidement par le duc[1], mais qu'on n'avait jusqu'à présent rien voulu entendre d'un accommodement avec les gens des vallées et qu'on les décriait comme rebelles. Finalement on leur aurait délivré des saufs-conduits pour venir déposer leurs doléances.

Nous sommes donc partis le 20 novembre de Paris et avons passé la nuit à Guignes[2]. (Milles français de Paris à Guignes : 8).

---

[1] Charles-Emmanuel II, fils de Victor-Amédée, duc de Savoie de 1638 à 1675.
[2] Gün.

Le 21 du même à Laberdosch (?) à midi. Il s'y trouve une auberge très convenable.

Item à Provins, une ville très gaie (à 8 milles de Guignes) et où nous avons été magnifiquement reçus à l'entrée. Nous avons passé la nuit dans notre auberge.

Dimanche, le 22 du même, à Nogent-sur-Seine[1], à midi. C'est une jolie ville; il s'y trouve un pont sur la Seine. On nous y reçut magnifiquement à l'entrée et on nous fit présent de vin. Mais nous n'avons pu reprendre notre auberge, parce que MM. de Berne nous avaient devancés; nous avons logé en face d'eux. (4 milles.)

Le 22 novembre, nous avons passé la nuit à Ossey-Trois-Maisons[2]. C'est un beau village. MM. de Berne nous ont un peu devancés, mais ne sont pas descendus à notre ancienne auberge.

Le 23 du même, nous arrivâmes à Troyes[3] (7 milles) et descendîmes à notre ancienne auberge à l'Autruche[4].

Le 24 du même, nous passâmes la nuit à Bar-sur-Seine[5], petite ville située au bord de la Seine; on y fabrique beaucoup de couteaux. MM. de Berne y firent donner à manger aux chevaux et repartirent au milieu de la pluie, parce qu'ils n'avaient pas plus d'une heure de jour devant eux.

Le 25 du même, nous passâmes la nuit à Montenils[6] (7 milles).

Le 26 du même, nous passâmes la nuit à Arc-en-Barrois[7] (7 milles). C'est un bel endroit situé dans un bas-fond. Il y a un château où se trouve l'église et qui est un peu fortifié. Nous descendîmes à l'auberge de la *Madeleine* et avons été bien logés; nous y avons trouvé le vin le meilleur marché que nous avons bu dans toute la France.

---

[1] Nojan.
[2] Trois Meson.
[3] Troy.
[4] Voyez plus haut, où cette auberge est désignée sous le nom de *Cigogne*.
[5] Pardt Susennen.
[6] Mondeny.
[7] Arg.

Le 26 novembre, nous arrivâmes à Langres[1] (6 milles); nous ne descendîmes pas à notre auberge, mais chez un habitant qui était venu à notre rencontre et qui était porteur d'un écrit des marchands. Le gouverneur nous fit de nouveau présent de vin couleur d'or et de vin doux, et nous fîmes une visite à notre logement.

Le 27 du même, nous passâmes la nuit à Le Fayl-Billot[2] (6 milles), dans notre ancienne auberge.

Le 28 du même, à Port-sur-Saône[3] (6 milles); c'est un endroit ruiné par la guerre. Il s'y trouve un port sur la Saône.

Le 29 du même, nous passâmes la nuit à Esprels[4] (6 milles).

Le 30 du même, nous arrivâmes à Montbéliard et descendîmes à l'auberge du *Gobelet d'or* (8 milles), où M. Risler, mon beau-frère, me fit présent d'une grande truite frite. MM. de Bâle m'aidèrent à la manger. Quant à l'avoine donnée à nos chevaux, nous partageâmes le prix entre nous et ensuite nous fêtâmes notre séparation. Ces jeunes gens de Bâle et quelques autres messieurs de la même ville ont passé la nuit à boire, et le lendemain, après avoir déjeûné ensemble, nous nous séparâmes; eux se rendirent à Bâle; quant à moi, je me dirigeai sur Mulhouse, après avoir été, durant tout le voyage, constamment en une même société.

Le 31, j'arrivai à Dannemarie, en compagnie de M. Jean-Rodolphe Risler, mon beau-frère, et de son domestique. De là, j'envoyai immédiatement un exprès à Mulhouse pour annoncer mon retour; il devait être le matin dans la ville, à l'ouverture des portes. Mais il y arriva seulement à 10 heures, de sorte que ces messieurs et mes amis, qui voulaient venir à ma rencontre jusqu'à Morschwiller, ont été prévenus trop tard; quand j'arrivai à cet endroit, ne rencontrant personne, je repartis, pensant que l'exprès n'avait pas fait ma commission. Je les trouvai alors réunis pour la plupart dans

---

[1] Langercn.
[2] Fov.
[3] Pordt sur Sonnen.
[4] Esbre.

ma cour, c'est-à-dire M. le chef de tribu Lœscher; M. Engelmann, mon beau-frère; M. Jean Witz[1], Jean-Henri Ræber, M. Godefroi Engelmann, mon frère Pierre, Gaspard et Jean Dolfuss, M. le greffier de la ville et M. Liebach[2].

Je suis donc rentré heureusement chez les miens après une absence de huit semaines et deux jours, Dieu en soit loué, honoré et remercié, et j'ai trouvé toute ma famille en bonne santé.

Voici les personnes dans la société desquelles j'ai fait mon voyage en France. A Montbéliard, j'ai attendu un jour MM. de Bâle. Nous fîmes ensemble le voyage de Montbéliard à Langres, M. le premier chef de tribu Socin et M. le greffier de la ville Jean-Rodolphe Burkhart.

A Langres, les suivants ont encore été obligés de nous attendre, c'est-à-dire de Schaffhouse, M. Léonard Meyer, bourgmestre; M. Jean Mæder, bourgmestre; M. Jean Richsteimer, d'Appenzell; de Saint-Gall, M. Thomas Zwikher, trésorier, et de Mulhouse, Jean-Gaspard Dolfuss.

Le lendemain, nous fûmes accompagnés jusqu'à Paris par le fourrier et maréchal-de-logis du roi. J'ai décrit plus haut le voyage de Paris jusque chez moi. Nous n'avons pas tous pris le même chemin à l'aller, ni au retour. MM. de Schaffhouse se rendirent de Paris à Strasbourg avec les envoyés protestants et rentrèrent chez eux à travers la Forêt-Noire, par la Souabe.

MM. de Berne ont pris nos[3]... à l'aller; ensuite, pendant un certain temps dans leurs ... pas dans la rue, mais ... quartiers ou ... maisons particulières dans les villes et ... réunis.

----

[1] Jean Witz, reçu bourgeois le 1er mars 1637, lieutenant des cent hommes envoyés en 1655 par Mulhouse au secours de Zurich et de Berne, un des VI de la tribu des boulangers de 1648 à 1671.

[2] Lucas Liebach, reçu bourgeois le 25 juin 1635, épousa en premières noces Marguerite Hartmann, en secondes noces Anne-Sabine Lœscher. Échevin en 1640, chef de tribu en 1651, membre du Conseil en 1670 et bourgmestre de 1685 à 1690.

[3] Les endroits marqués par des points sont déchirés dans l'original. Voici le texte même de l'original :

« *Die Herrn von Bern haben unssere ... wie mir innen gereisst, genommen;* « *dann etwas zeit in Ihrer ... nit auf der Strass, sondern ... Quatieren oder* « *abgesun ... Heüser in den stetten endt ... sammen kommen.* »

MM. de Zurich ont quitté Paris les derniers et ont aussi pris notre route; ils se sont dirigés sur Bâle depuis Montbéliard.

L'envoyé d'Appenzell et celui de Saint-Gall sont allés sur Dijon[1] pour se diriger ensuite sur Bâle. Une partie des envoyés catholiques ont aussi pris la route de Dijon, tandis que les autres suivirent notre chemin jusqu'à Bâle.

Voici la liste des envoyés qui, des différents cantons de la Confédération, ont été en France :

Zurich.

M. le bourgmestre Jean-Henri Waser.
M. Thomas Werdtmüller, trésorier.

Berne.

M. Antoine de Grafenriedt, avoyer[2] à Berne.
M. Jean-Jacques Bucher, banneret[3].

Lucerne.

M. Christophe Pfiffer, avoyer.
M. Alphonse de Sonnenberg, directeur de bâtiments[4] et membre du Conseil.

Uri.

M. Charles Antoine, landamann de Pünden.
M. Jean-Antoine Schmidt, lieutenant.

Schwyz.

M. Wolfgang-Théodore Reding, landamann.
M. Gaspard Abbiberg, landamann.

---

[1] *Dijon.*
[2] *Schuldthess.*
[3] *Fenner.*
[4] *Bauherr.*

Unterwalden.

M. Wolfgang Würtz.

M. Jean-François Stültz.

Zoug.

M. Henri zur Lauben, de la ville.

M. le capitaine Ulrich Schink, de Menzingen.

M. Melchior Henri, trésorier d'Ægery.

Glaris.

M. Jean-Henri Ellmer, landamann.

M. le capitaine Fridolin Frewler, capitaine cantonal et membre du Conseil.

Bâle.

M. Benoît Socin, premier chef de tribu[1].

M. Jean-Rodolphe Burckhard, greffier de la ville.

Fribourg.

M. Antoine Pithon.

M. Jean Castella.

Soleure.

M. Jean-Guillaume de Steinbrukh, colonel.

M. Christophe Gisz, banneret[2].

Schaffhouse.

M. Léonard Meyer, } bourgmestres.
M. Jean Mæder, }

Appenzell.

M. Jean Sutter, landamann des Rhodes intérieures.

M. Jean Richsteimer, landamann du côté évangélique.

Abbé de Saint-Gall.

M. Fidèle vom Thurm zu Eppenberg et Buhwyl, chevalier, conseiller intime et avoyer du prince-abbé.

---

[1] *Ober-Zunftmeister.*
[2] *Bannerherr.*

Ville de Saint-Gall.

M. Georges Zwickher, ancien trésorier et membre du Petit-Conseil.

Valais.

M. Etienne Kelbermetter, chevalier et colonel, actuellement capitaine cantonal et banneret[1].

M. Gaspard Stokelper vom Thurm, chevalier, colonel et chancelier de la république du Valais.

Mulhouse.

M. Jean-Gaspard Dolfuss, membre du Conseil, actuellement trésorier.

Bienne.

M. Nicolas Wittenbach, bourgmestre.

M. Abraham Scholl, greffier de la ville et membre du Conseil.

---

[1] *Jetziger Landshauptmann und Bannerherr.*

MULHOUSE — IMPRIMERIE VEUVE BADER ET Cie

9 782013 470506